LOUIS CANDAU

FRÉDÉRIC BASTIAT

ET LA CHALOSSE

IMPRESSIONS ET SOUVENIR DE LA FÊTE NATIONALE
CÉLÉBRÉE EN SA MÉMOIRE

A MUGRON

LE 23 AVRIL 1878

SAINT-SEVER — Impr. AMADIS SERRES, place des Platanes.

31.

[illegible handwritten annotations]

LOUIS CANDAU

FRÉDÉRIC BASTIAT

ET LA CHALOSSE

IMPRESSIONS ET SOUVENIRS DE LA FÊTE NATIONALE
CÉLÉBRÉE EN SA MÉMOIRE

A MUGRON

LE 23 AVRIL 1878

SAINT-SEVER — Impr. AMADIS SERRÈS, place des Platanes.

LOUIS CANDAU

FRÉDÉRIC BASTIAT ET LA CHALOSSE

IMPRESSIONS ET SOUVENIR DE LA FÊTE NATIONALE CÉLÉBRÉE
EN SA MÉMOIRE

A MUGRON

le 23 Avril 1878.

Que peut-il venir de bon des grandes Landes ? disait, avec ironie, un ministre de la République de 1848, Léon Faucher, secrétaire d'Etat assurément fort distingué, mais fort mal inspiré cette fois, surpris et contrarié par la polémique saisissante, l'esprit et la logique de notre représentant Landais, Frédéric Bastiat.

En jetant cet anathème étrange à notre cher pays, *toujours calomnié,* il ignorait, ce ministre, ce que nul homme de valeur au pouvoir ne devrait méconnaitre, il ignorait, lui aussi, comme tant de publicistes, *même géographes,* ce qu'est et ce que vaut, en réalité, un grand département, une des plus belles régions de la France, notre région Chalossaise en particulier. Mais que l'on s'en assure enfin aujourd'hui, et que l'ombre de Frédéric Bastiat, comme celle de Maximilien Lamarque, de Léon Dufour et de tant d'autres contemporains illustres, proteste, avec nos plantureuses campagnes et nos riches produits, contre cet anathème injuste et calomnieux. Que justice enfin nous soit rendue !

C'est par des fêtes semblables à celle de ce jour, c'est par le concours majestueux des notabilités qu'elles convient de toutes parts, pour reconnaître et couronner le mérite sur place, que l'on s'éclaire et que l'on rend cette justice tardive. Ainsi nous bénissons cette imposante solennité, qui ne pourra que porter bonheur à ces magnifiques contrées jusqu'à ce jour oubliées et méconnues.

Deux contemporains illustres, dignes enfants de notre féconde Chalosse, ont conquis les difficiles et glorieuses palmes de la renommée et ont, à titres différents, mérité l'honneur insigne d'exciter l'admiration de leur temps, et inspiré la reconnaissance nationale, manifestée par deux monuments commémoratifs, l'un à Saint-Sever, en 1832, et l'autre à Mugron, maintenant. C'est une belle part de gloire pour nos contrées intelligentes !

Maximilien Lamarque, patriote et général de la plus haute distinction, grand orateur, écrivain, poète et littérateur de premier mérite, a marqué sa belle page dans l'histoire, comme il a laissé son impérissable souvenir dans sa ville natale de Saint-Sever.

Frédéric Bastiat, l'âme et le héros de ce grand jour de fête, dans sa ville bien aimée de Mugron, parle-t-il moins haut à notre intelligence et à notre cœur, a-t-il moins de titres à notre affection et à nos sympathies, si nous savons apprécier toutes ses grandes qualités, quoique si modestes, son esprit observateur et profond, ses nobles et sages conquêtes dans le domaine trop ignoré de l'Économie politique, son génie sérieux et transcendant? Les ressources infinies de ce joûteur infatigable, toujours heureux vainqueur de ses adversaires, fussent-ils Léon Faucher ou Proudhon, maitres eux aussi dans l'art scabreux de discuter, de penser et d'écrire, nous étonnent et nous captivent.

Proudhon surtout en fit l'épreuve amère dans sa lutte ardente, souvent par lui passionnée, avec notre publiciste Landais, qu'il déclarait, avec une mauvaise humeur mal déguisée, son véritable adversaire, le seul digne de lui, mais d'ordinaire en succombant sous les coups invincibles de la dialectique aussi éclairée qu'ingénieuse de l'écrivain Chalossais, le vrai défenseur de toutes les sages libertés, des principes républicains bien entendus, de celui-ci notamment : *la liberté dans l'usage et la répression dans l'abus.*

Mais si Bastiat eut la gloire incontestée de triompher d'un tel adversaire, il n'en eut pas une moindre, aux yeux de la société menacée, de réduire à néant les utopies dangereuses des Socialistes. Pour qui se souvient de ces années troublées par toutes ces controverses subversives, nul n'a plus heureusement travaillé au rétablissement de la morale et de l'ordre social que notre vaillant publiciste, nul n'a plus de droit à l'estime et à la reconnaissance de tous, oui, de tous, sans nulle distinction d'opinions et de partis, si l'on est de bonne foi.

Pour s'en convaincre, que l'on se pénètre de l'histoire de ces années déjà lointaines, qu'on lise et qu'on relise surtout les écrits de Bastiat; ce n'est pas difficile, vu la clarté séduisante et le charme constant attachés à ses œuvres incomparables, sur des matières d'ordinaire si arides pour d'autres plumes que la sienne.

On le calomniait aussi de son vivant, bien qu'il pût répondre à ses détracteurs : *Je passe ma vie à combattre le Socialisme,* et il le prouvait, en publiant : contre Victor Considérant, *Propriété et Loi;* contre Leroux, *Justice et Fraternité;* contre Proudhon, *Capital et Rente;* contre le comité Mimerol, *Protectionisme et Communisme;* contre la démagogie, l'*État.* Mais il était républicain, républicain conservateur, et à ceux-là, alors non plus, on n'épargnait pas la calomnie, cette arme favorite des méchants et des vaincus.

Est-ce à nous de parcourir aujourd'hui ce vaste champ de son travail, de méditer ses profondes recherches, d'analyser ses riches ouvrages ? D'autres intelligences, plus élevées et plus autorisées que la nôtre, se chargeront mieux que nous de cette tâche délicate et difficile que nous n'osons qu'effleurer ici, en évoquant les intérêts si chers de notre pays, en souvenir de ce valeureux pionnier, son plus vaillant défenseur, que j'ai eu le bonheur d'aimer et d'apprécier tout particulièrement, surtout à Paris.

Nous aurons l'avantage, ainsi sans doute, d'entendre l'honorable Ministre des Finances, M. Léon Say, digne fils d'une famille où la science et le talent semblent héréditaires, où Frédéric Bastiat trouva, dès son début tardif à Paris, l'accueil bienveillant et paternel, et partant tous les éléments profitables à ses aspirations. Dès cette époque datent ses principales productions économiques et leur mise en lumière. Il appartenait à cette illustre famille de Jean-Baptiste Say, le grand économiste, de distinguer en Frédéric Bastiat, malgré son extérieur simple et peu cultivé, le penseur profond, le causeur éloquent, le publiciste supérieur.

Nous ne pouvons cependant nous empêcher d'esquisser ici, en quelques traits rapides, cette vie si laborieuse et si féconde, mais qui dura si peu, ayant été brisée avant l'heure par l'excès de la pensée et du travail. Son âme trop ardente anéantit ses forces physiques, ainsi que la lame souvent use le fourreau.

Si Frédéric Bastiat ne naquit point à Mugron, mais à Bayonne, en 1801, il n'en fut pas moins des nôtres, toute sa vie d'homme éminent, dès ses plus belles années de jeunesse, restant toujours Chalossais d'esprit et de cœur. C'est en Chalosse qu'il trouva la réalisation de l'un de ses premiers rêves de bonheur.

« Pour être heureux, écrivait-il à son ami de collége
» et de cœur, Victor Calmètes, je voudrais posséder un
» domaine dans un pays gai, surtout dans un pays où
» d'anciens souvenirs et une longue habitude m'au·
» raient mis en rapport avec tous les objets. C'est alors
» qu'on jouit de tout. C'est là le *vita vitalis.* »

Ce rêve s'accomplit. Par la mort de son grand père, il devint maître du beau domaine de Sengresse, où il trouva de quoi satisfaire son goût pour l'étude et la nature, et aussi pour les relations intimes et fructueuses dont il jouissait à Mugron, surtout par son commerce constant avec M. Félix Coudroy, désormais son ami, son conseiller, son collègue dans les rudes épreuves de l'étude économique. Bastiat le considéra toujours comme son *alter ego,* son collaborateur d'esprit et d'intelligence. Avant de mourir il avait exprimé le vœu que ce parfait ami terminât ses œuvres ébauchées. Déjà il lui avait écrit en lui envoyant de Paris les *Harmonies économiques :* « Mon cher Félix, je ne puis pas dire que ce livre t'est offert par l'*auteur*; il est autant à toi qu'à moi. » Rare exemple de modestie et de sincère abnégation, comparé à tant d'autres traits de noire ingratitude de la part d'amis ou camarades qui vous renient et vous distancent, dès qu'ils sont au faite de grandeurs et de prospérités imméritées !

Lui, Bastiat, pour tout ce qui concernait les sentiments élevés et délicats, il était incomparable. Ces grandes qualités commencèrent au collége pour ne finir qu'à sa dernière heure. Son éloquent biographe et ami, M. de Fontenay, n'a pas manqué de les faire toutes ressortir dans son excellente notice, en signalant ce premier élan du cœur, à Sorèze, dans le partage d'un prix *ex-œquo* de poésie, entre F. Bastiat et son tendre ami, Victor Calmètes. La récompense était une médaille d'or. *Garde-la*, dit Bastiat qui était orphelin ; *puisque tu as encore ton père et ta mère, la médaille leur revient de droit.* L'histoire mentionne-t-elle beaucoup de traits semblables ?

Devenu juge de paix de Mugron, il partageait son temps entre ses modestes fonctions, ses études, ses lectures et ses relations intimes d'amis et de famille, allant de Mugron à son domaine tout voisin de Sengresse, sur la rive droite de l'Adour, charmant séjour où il trouvait le calme et les heureuses inspirations de son travail de prédilection sur l'Économie politique,

> Où l'Adour, à nos pieds, autrefois navigable,
> Exportant sur ses flots notre riche excédant,
> Voit ses bords délaissés, son lit impraticable.

Là, il dut certainement penser au Duero, dont l'Espagne et le Portugal négligeaient sciemment le cours, par les plus déplorables calculs économiques ; là, il dut écrire ce grâcieux épisode de son voyage à Madrid, *les Fleuves obstrués*, chapitre que nous prions nos gouvernants de méditer, avec le suivant, *Un chemin de fer négatif*, qui rappellent tous deux notre Chalosse, jusqu'à ce jour oubliée sur ces point importants.

Nous trouverions bien d'autres articles semblables dans les *Sophismes économiques*, ainsi que dans ses *Harmonies*, justement réputées l'une de ses meilleures productions. Ouvrant le volume au hasard, si nous tombons sur le chapitre si profondément philosophique de la *Population*, nous songeons de suite que l'un des premiers travaux de Bastiat fut précisément sur la répartition de l'impôt et la dépopulation de la Chalosse. Que d'observations pénétrantes, que d'axiomes sérieux, que de pages éloquentes il a su puiser, dans ces deux sujets : *Impôt et Population* !

Dans ses *Mélanges*, dans sa lettre politique *Ne insultes miseris*, Bastiat se plaint, à juste titre, que ses contradicteurs aient tristement abusé de ses considérations sur ce pays, malheureux faute de débouchés, pour le sacrifier absolument, dans le tracé du chemin de fer de Bordeaux à Bayonne. Que dirait-il donc aujourd'hui ?.. Alors que, par des raisons spécieuses, on ajourne sans cesse et toujours notre juste part aux bienfaits du progrès général. Ecoutons ses patriotiques plaintes ; ce sont des pages concluantes, qui nous touchent particulièrement, sur le tracé direct et le tracé courbe, celui-ci tout en faveur de nos riches vallées et de la Chalosse, du but le plus ordinairement poursuivi par les chemins de fer, qui recherchent d'habitude la population et la production, et que l'on a évité sciemment par le *tracé direct*.

Et sur ce mot cruel : *la population a décru,* il nous dit, le cœur navré :

« Ah ! ils ne savent pas ce que ce mot implique ! Ils » n'ont pas assisté à ce douloureux travail par lequel » s'accomplit une telle révolution ! Ils ne savent pas ce » qu'elle suppose de souffrances morales et physiques. » Je vais le leur dire. C'est une funèbre histoire ; mais » elle est pleine d'enseignement.

» La Chalosse est un des pays le plus fertiles de France.

» Autrefois on y récoltait des vins qui descendaient » l'Adour. Une partie se consommait aux environs de » Bayonne, l'autre s'exportait au nord de l'Europe. Ce » commerce extérieur occupait à Bayonne l'activité et » les capitaux de dix ou douze maisons honorables.

» A cette époque les vins avaient une valeur soute- » nue. L'aisance s'était répandue dans le pays, et avec » elle la population..... Les revenus des propriétaires » et des petites exploitations, *travaillées comme des* » *jardins,* faisaient vivre une classe nombreuses d'arti- » sans, et l'on conçoit à quel degré de densité la popula- » tion avait dû parvenir sous ce régime.

» Mais les choses ont bien changé ! »

Oui, bien changé ! Est-ce mieux maintenant, qu'on l'examine en toute conscience ? Toutefois, par ces cita- tions restreintes, sachons bien tous apprécier cette âme d'élite, toujours droite et honnête, cette raison lucide et supérieure, ce génie facile, à la portée de tous !

Nous ne trouvons pas moins d'utiles éléments de médi- tation dans toutes ses œuvres variées, même dans celles qu'il disait inachevées.

Ses pamphlets, ses notices, ses opuscules, sa correspondance, instruisent et captivent tout autant ou davantage encore, par la variété des tableaux, le charme du coloris, la finesse et la vivacité entraînantes de l'expression : on écoute avec bonheur les observations justes de Jacques Bonhomme, les dialoques économiques entre le *millionnaire* et le *prolétaire*, entre *Robinson* et le *Naufragé*, le *Publiciste* et le *Campagnard*, le *Candidat* et le *Campagnard*, et tant d'autres.

Quelle école, quelles excellentes leçons pour les hommes, s'ils voulaient ou savaient se corriger !

Dans ces nobles conseils de la raison, dans ces discussions sérieuses, comme il serre de près ses adversaires, comme il les étreint, comme il les abat, sans trop les faire crier ! Car Bastiat eut toujours l'art, si précieux et si rare, de tout solidement dire à ses contradicteurs, sans trop les irriter. Il savait si bien dire, avec tant de simplicité, de bonté et de verve imprévue.

Nous nous rappelons ici tout particulièrement *Baccalauréat* et *Socialisme*, pamphlet substantiel et coloré, attaquant résolument les *études universitaires,* comme l'une des causes du Socialisme. Je ne pus alors partager cette opinion, malgré ma déférence pour le maitre. J'appartenais à l'Université, dont je pris chaudement la défense, dans un journal Dacquois, en essayant de mon mieux de combattre cet écrit. Mais avant d'avoir terminé ma réfutation, je revins à Paris. Là, un jour, au passage Choiseul, je rencontrai Bastiat. Me souvenant de la polémique engagée, je ne l'abordais point : mais lui de suite vint cordialement à moi et me dit : *Comment n'avez vous pas continué votre polémique ? J'aime la discussion sérieuse, comme vous l'avez si bien enta-*

mée, *j'aime ceux qui me combattent avec sincérité, vous notamment, mon compatriote et ami.* Nous causâmes assez longtemps de notre sujet. Mais convaincu ou non, plus je ne voulus ou n'osai contredire cette haute intelligence, ce caractère d'or.

Sa correspondance politique ou familière porte également un cachet impérissable des plus heureuses qualités de l'esprit et du cœur. Ses lettres inédites, que le public vient d'accueillir avec tant d'empressement, ont inspiré, dans la *Revue des deux Mondes* du 1er janvier, (de précieuses étrennes, certes, pour notre pays!) un article émaillé de perles et de fleurs, dont chaque bon lecteur distingue vite le prix. Tel adversaire rancuneux (il en est encore, le croirait-on!) que nous avons vu toujours assez indifférent à ce nom vénéré de Frédéric Bastiat, comme on l'est d'habitude pour les talents du *terroir*, pour les *prophètes du pays*, n'a eu garde de laisser passer inaperçu ce gracieux tableau de genre, qui honore si bien son auteur, M. G. Valbert. Que ce publiciste distingué reçoive ici nos remerciments bien sincères.

Toutes les lettres de Bastiat, n'eussent-elles que quelques lignes d'affaires particulières, offrent un mot ou une pensée aimables. Ainsi en avons-nous reçu nous-même, mais trop peu, et que nous gardons, en bon souvenir de notre ancien voisin de campagne.

Quelle fut sa carrière politique? On le sait, il eut bien du mal pour se faire jour, et, d'ailleurs, il ne mettait guère de zèle et d'entrain pour s'offrir, de l'intrigue moins encore. Il se laissait entrainer, plutôt qu'il n'avançait de lui-même, pour solliciter le mandat de député, que tant de médiocrités ambitionnent et acquièrent parfois si facilement! Vainement, ses nombreux amis, qui

l'appréciaient déjà, l'avaient-ils présenté, sous la monar-
chie, et mis en lutte, comme candidat indépendant, contre
un candidat officiel; vainement s'était-il fait remarquer
par ses écrits et la supériorité de son caractère; le suffrage restreint et servile lui barra toujours impitoyable-
ment le passage.

Mais le suffrage universel, en 1848, bien que dans
l'enfance encore, sut le venger, en le nommant d'enthou-
siasme, en tête de la liste, avec la majorité la plus imposante, Député des Landes.

« Heureux instinct du peuple ! — lisons-nous dans
« un compte-rendu d'alors, plein d'esprit et d'entrain, —
« tu viens, par cet hommage tardif, réparer les fautes
« de l'ancienne oligarchie électorale, rendre justice au
« mérite persévérant, et honorer dignement, par tes suf-
« frages, l'ami de Cobden et de Lamartine ! »

Bastiat était alors dans sa quarante-huitième année,
dans toute la force de son âme et de son talent. Mais
tout-à-coup, ainsi lancé dans le tourbillon dévorant de la
vie parlementaire, dans la polémique plus ardente encore de tous les partis dissidents, de toutes les utopies
qu'il eut à combattre, comme chef d'école libre-échangis-
te, comme patriote, comme homme de cœur et de morale,
il ne put résister plus d'une année; il lutta avec tous les hon-
neurs sans doute; mais il dut bientôt songer à abandonner
cette existence trop tourmentée, pour chercher, dans un
séjour plus calme, un remède à son anémie croissante.

On lui conseille les Pyrénées, il part; il est aux
Eaux-Bonnes, en Juin 1850, d'où il envoie à ses amis des
lettres charmantes et tout affectueuses, mais où il n'é-
prouve aucun soulagement. La nostalgie le prend et lui

redonne des espérances. Il pense à l'influence de l'air natal. Cet air natal, pour lui, c'est son cher Mugron et point nul autre. Qu'on s'en assure, dans sa lettre du 14 juillet 1850 à M. et Mme Cheuvreux. Ce séjour ne peut le soulager non plus, et voici d'ailleurs venir l'automne, saison aimée des bien portants, mais triste et cruelle aux malades. Il veut aller en Italie; il va à Rome. C'est sa dernière étape. Il le voit, il le comprend et se prépare doucement à mourir en philosophe, en chrétien, entouré d'amis choisis lui prodiguant à l'envi les plus tendres soins, bien qu'il leur dise : *Mes amis sont mes victimes.*

On était au 17 décembre 1850, l'un des *Neuf jours près d'un mourant,* décrits dans le journal de M. Paillotet. L'heure fatale approchait. Lui, Bastiat, la voyait venir avec une sainte résignation.

Pour le sage, la mort c'est le soir d'un beau jour !

Il en parlait avec sérénité et disait même, quelques instants avant d'expirer, en recevant les consolations amicales et religieuses de son neveu, M. l'abbé de Monclar: *Je suis heureux de ce que mon esprit m'appartient.*

En rendant sa belle âme à Dieu, il étonnait encore son médecin et ami, M. le Docteur Lacauchie, *qui ne s'expliquait pas que l'intelligence et la volonté fussent encore là,* quand la vie se retirait.

Chalossais, tel est le compatriote éminent trop tôt enlevé à nos affections et dont nous célébrons aujourd'hui la mémoire. Populations intelligentes et laborieuses, venez devant cet humble mais durable monument, que lui élève la reconnaissance nationale, venez vous-mêmes plaider votre bonne cause, en présence de cette assemblée d'élite de hautes intelligences, de puissants et de dignitaires du jour, qui voudront et pourront bientôt vous rendre justice, à vous, comme au pays que vous fécondez.

Le génie de Fréderic Bastiat parlera pour vous !

A la Mémoire de Frédéric Bastiat
23 avril 1878.

—

Frédéric Bastiat, publiciste immortel,
Vois l'imposant Concours qui fête ta mémoire.
Peuple, lettrés, savants ont entendu l'appel.
Pour ton pays aimé, pour Mugron, quelle gloire !

Ton nom a réveillé l'élan universel,
Comme il a mérité sa place dans l'histoire,
Que la France consacre en ce jour solennel ;
Pour la Chalosse, jour de joie et de victoire !

Ton ombre désormais, comme un Dieu protecteur,
Veillant sur ces côteaux leur portera bonheur.
Plus ils ne languiront dans un oubli coupable.

Puisse l'Etat enfin, juste réparateur,
De notre région contemplant la splendeur,
Lui donner du progrès une part honorable !

Louis Candau.

Nous trouvons ici, naturellement, l'occasion de reproduire deux apologues ou légendes, que l'on connait, sur le sujet qui nous occupe particulièrement, la situation de notre pays. Puisse-t-on les bien accueillir, ainsi que cette modeste notice, en ne considérant que la bonne intention de l'Auteur !

LE PIN PIGNON DE NERBIS (*)

OU LA CHALOSSE

Un aimable parent, (on n'en a pas toujours),
Qui me croyait à tort un fonds inépuisable,
Un jour me dit: « Cousin, faites-nous une fable
Sur le pin de Nerbis et ses beaux alentours. »
Tant bien que mal je me mets en besogne,
Bien que ledit sujet ne convienne qu'à nous.
M'y voici, cher lecteur. — Naguère une cigogne,
Fuyant les pays froids pour un climat plus doux,
Voit, de bien loin, poindre dans l'atmosphère,
    Et dominant, superbe solitaire,
    Un vaste et splendide horizon,
    En vrai monarque, un pin pignon.
    « Sans doute, là, je vais être tranquille, »
    Se dit notre oiseau voyageur,
    Et d'un dernier coup d'aile il file
    Sur ce bel arbre protecteur.
« Salut, ami, dit-il, vieil arbre séculaire
    Et qui peux bien m'indiquer le pays
    Où je ne suis que simple passagère. »
    — Ma commère, oui, je le puis.
— Quelle est d'abord cette vaste contrée
Qui se perd, au lointain, dans la voûte azurée,
    Et qui ressemble à l'océan brumeux ?
— C'est la Lande et les pins, où vit un peuple heureux,
    Par le travail conquérant l'abondance,

En exploitant ce facile trésor
Que dans son sein recèle l'arbre d'or,
Dont lui fit don la Providence.
Puis la vapeur et le chemin de fer
Ont transformé ce qui fut un désert
Et répandu tant de bienfaits, en somme,
Que riche, le Landais consomme
De tout et notamment de notre jus divin ;
Il corrige son eau par notre excellent vin,
Dont on abuse là, comme ailleurs, ô cigogne,
Abus qui fit, hélas ! la loi contre l'ivrogne.
Mais ces côteaux et ces vallons,
Si bien cultivés, si féconds,
Désaltérant là-bas tant de buveurs aimables,
Ornant de nos produits leurs somptueuses tables,
Notre Chalosse obtiendra-t-elle enfin,
De nos très-chers gouvernants *un chemin ?*
Et l'Adour à nos pieds, autrefois navigable,
Exportant, sur ses flots, notre riche excédant,
Voit ses bords délaissés, son lit impraticable.
Des bienfaits du progrès qu'obtenons-nous ? Néant.
On nous promet toujours, nous attendons encore...
— Vieux géant du pays, ce langage t'honore,
Mais je crains que ce soit prêcher dans le désert.
Les mangeurs, gros bonnets, sont toujours de concert
Pour assurer d'abord leur riche dividende,
Puis servir, bien ou mal, la Chalosse ou la Lande... »

CAMPAGNARD LANDAIS.

(*) Chacun connaît ce superbe géant végétal de Nerbis, perché sur un mamelon de nos plantureux côteaux de la Chalosse, et que le voyageur contemple de si loin, comme suspendu à l'horizon.

— Le Pin Pignon parle ici au nom du pays Chalossais, assurément l'un des plus beaux, des plus fertiles de France, mais des plus oubliés, des plus déshérités dans la répartition du budget et des faveurs de l'État.

L'auteur a composé cette légende, au moment où l'on paraissait enfin vouloir s'occuper sérieusement d'une voie ferrée, à travers cette splendide région de la rive gauche de l'Adour, où

l'on *avait fait des plans fort beaux sur le papier,*
Pour nous laisser encor, dans les rangs, le dernier,
Pour nous laisser toujours languir dans l'espérance.

LOUIS CANDAU.

LES DEUX PIGEONS RAMIERS

ou

Les Échasses Landaises.

—

Un tout jeune ramier, à la tête légère,
Venait de parcourir, pour la première fois,
De Bayonne à Bordeaux, sables, landes et bois,
Filant, poursuivant droit sa course passagère.
  Car il aimait l'espace ouvert,
  De l'Océan le voisinage,
  Les pins, la plage et le désert,
  N'ayant souci d'autre parage.
  Au bout de son pélérinage,
  A d'autres jeunes amateurs,
  Naïfs et benêts auditeurs,
  Il conte ainsi son beau voyage :
— « Connaissez-vous, dit-il, ce sauvage pays,
Qui n'a, je crois, nulle part son semblable,
  Ces forêts, ces déserts maudits,
  Séjour affreux et détestable ?
Quelques rares troupeaux et de pauvres cahutes
  De loin en loin ont frappé mes regards.
De chétifs habitants, sorte de bêtes brutes,
  En vagabonds errants de toutes parts,
  Marchaient, fuyaient, à travers les espaces,
  Perchés tout haut sur de longues échasses.
  Tel est de tout ce grand département
  Le tableau vrai, lugubre et désolant. »
  A cette esquisse étrange et mensongère,
  Un vieux ramier a bondi de colère,
  Arrête court le beau conteur,
  En le traitant de radoteur.
— « Oui, trop, dit-il, beaucoup trop on t'écoute
  Car, de suite l'on voit très-bien
  Qu'en ta course tu ne vis rien.
  Qu'en étourdi tu fis ta route.
Pour connaître un pays on y fait un séjour.

Que n'as tu vu d'abord les rives de l'Adour,
Ses beaux champs, ses côteaux, et leur riche culture,
Pour tout ce qui respire admirable nature ?
Magnifique pays où tout fut répandu !
Qui n'a qu'un tort, un seul, de n'être pas connu.
Partout moissons et fruits et la liqueur aimée.
    De ses vignobles le bon vin,
      Chaque jour, de la renommée,
      S'ouvre le pénible chemin.
Quant à la vieille échasse, en un coin, dans la Lande,
Nécessaire autrefois, pour garder les troupeaux,
A travers des parcours immenses et les eaux,
Elle n'existe plus qu'à l'état de légende ;
Et l'habitant partout, *gemmier* ou laboureur,
A conquis le bien être, en digne travailleur.
Quand partout d'habitants la France diminue,
D'un peuple neuf et fort la Lande s'est accrue.
Si l'homme est né menteur, par instinct les oiseaux
Doivent bien distinguer toujours le vrai du faux,
Ne jamais raconter de sotte baliverne.

Est-ce à moi campagnard, au nom de la raison,
A d'éminents lettrés de faire la leçon,
A Joanne, Bouillet, About ou Jules Verne ([1]),
Dans leur concert d'erreurs criant tous à la fois ?
Si pour mon cher pays j'ose élever la voix,
J'aime à me souvenir de l'antique proverbe :
L'humble insecte foulé pique le plus superbe.

Campagnard Landais.

([1]) Joanne, dans son *Itinéraire de Bordeaux à Bayonne*, Bouillet, dans son *Dictionnaire d'Histoire et Géographie*, Edmond About, dans les *Échasses de Maître Pierre*, Jules Verne, dans sa *Géographie illustrée* de la France, et bien d'autres encore ont copié le même thème, élevé le même concert disgracieux contre notre Département des Landes, sans songer combien ces sortes de publications erronées provenant d'illustres écrivains, pouvaient porter de préjudice au pays comme à ses habitants ainsi calomniés.

9 782019 317744